Lesespuren DaF

Lektüre für Jugendliche
A2

Fahrradtour ins Abenteuer

von Arwen Dammann

Alles Digitale zu diesem Buch kann auf der Lernplattform **allango** von Ernst Klett Sprachen abgerufen werden. So geht's:

QR-Code scannen oder **www.allango.net** aufrufen	Buchtitel oder ISBN in der Suche eingeben und auf das Buchcover klicken	Zum Inhalt navigieren, direkt abrufen oder speichern

Zu diesem Buch auf allango verfügbar: **Hörbuch, Mini-Bildwörterbuch und Lösungen (Inhaltsverzeichnis, Lesespur, Rätsel).**

Ernst Klett Sprachen
Stuttgart

1. Auflage 1 [5 4 3 2 1] | 2028 27 26 25 24

www.klett-sprachen.de

PEFC
Förderung nachhaltiger Waldbewirtschaftung
PEFC/04-31-3752
www.pefc.de

Autorin: Arwen Dammann

Redaktion: Claudia Weichselfelder
Reihenkonzept: Claudia Weichselfelder
Layoutkonzeption: Sabine Kaufmann
Illustrationen: Marlies Abramowski
Tonregie und Schnitt: Gunther Pagel, TOP10 Tonstudio, Viernheim
Sprecher: Markus Schultz
Gestaltung und Satz: DOPPELPUNKT, Stuttgart
Umschlaggestaltung: Sabine Kaufmann
Druck und Bindung: Plump Druck & Medien GmbH, Rheinbreitbach

Printed in Germany
ISBN 978-3-12-674240-5

Inhalt

e hier die richtige Kapitelnummer.

So findest du die Lesespur!

Dieses Buch ist etwas anders als andere Bücher. Denn die Kapitel stehen nicht in der richtigen Reihenfolge!

Das Buch beginnt mit dem ersten Kapitel. Aber wo geht die Geschichte dann weiter? Finde das nach jedem Kapitel selbst heraus!

Das geht so:

Lies das erste Kapitel ab Seite 8.

Mache das Rätsel am Kapitelende. So bekommst du ein **Codewort**.

Finde das Bild zum Codewort auf Seite 6–7. Zeichne dann eine Linie, also deine **Lesespur**. Sie beginnt beim Start und endet bei dem kleinen Bild.

Bei dem Bild steht eine **Seitenzahl**. Öffne das Buch auf dieser Seite. Hier beginnt das nächste Kapitel.

Notiere am Kapitelanfang, vor der Überschrift, und im Inhaltsverzeichnis auf Seite 3 die **Kapitelnummer**.

Lies, rätsle und zeichne weiter … und weiter … und bringe so die Geschichte Kapitel für Kapitel in die richtige Reihenfolge!

Digital gibt es noch mehr:

Im Text sind einige Wörter markiert. Brauchst du dabei Hilfe? Im **Mini-Bildwörterbuch** gibt es zu den Wörtern Bilder. So kannst du sie ganz leicht verstehen.

Willst du die Geschichte auch hören? Dann öffne das **Hörbuch**.

Willst du dein Inhaltsverzeichnis, deine Lesespur und die Antworten auf die Rätselfragen selbst prüfen? Vergleiche sie mit den **Lösungen**.

DÄNEMARK
SYLT
FÖHR
Wyk
Dagebüll
20
Nebel
38
14
AMRUM
Beltringharder Koog
44
PELLWORM
NORDSTRAND
Husum
Start
26
Friedrichstadt
Sankt Peter-Ording
NORDSEE
32
Heid

Hier zeichnest du die Lesespur ein!
lensburg
SCHLESWIG-
OLSTEIN
Ziel
OSTSEE
Kiel

1 Abfahrt

Endlich Ferien! Sechs Wochen keine Schule! Es ist Juli, das Wetter ist schön und Lillys Familie plant eine Fahrradtour. Lillys Familie, das sind Lilly selbst, ihre Mutter und ihr Bruder Tobi. Außerdem kommen Antonja und Yakup mit auf die Tour. Antonja ist Lillys beste Freundin und Yakup ist ihr bester Freund.

„Lilly, hast du deine Taschen gepackt?", ruft die Mutter aus der Küche.
„Ja, Mama!"
Auf Lillys Liste steht:

- ✓ Schlafsack
- ✓ Isomatte
- ✓ Pyjama[1]
- ✓ Kleidung für 6 Tage
- ✓ Regenjacke
- ✓ Zahnbürste
- ✓ Duschsachen (Shampoo, Seife, Handtuch …)

„Ich bin auch fertig!" Tobi kommt von draußen rein. „Meine Taschen sind schon auf meinem Fahrrad. Lilly, soll ich dir helfen?" Lilly gibt Tobi ihre Fahrradtasche.
Er erklärt: „Sieh mal: So macht man sie ans Fahrrad."

Draußen stehen die drei Fahrräder. Auf den Gepäckträgern sind die Fahrradtaschen. Auch die Rucksäcke stehen schon da.
„Ich glaube, wir haben alles", sagt Tobi. „Bist du nervös?"

[1] **der Pyjama**: Diese Kleidung trägt man im Bett, wenn man schläft.

„Ein bisschen“, antwortet Lilly. „Hoffentlich haben wir an alles gedacht.“
Da kommt ein Auto. Es hält. Yakups Eltern steigen aus.
„Guten Morgen! Na, packt ihr gerade die Fahrräder?“
Yakup steigt auch aus. „Hallo Leute!“
Er sieht nicht sehr glücklich aus. Yakup auf Fahrradtour – das war nicht seine Idee. Aber seine Eltern können ihr Geschäft nicht so lange schließen. Und sie wollen nicht, dass Yakup allein zu Hause sitzt.

Der Vater nimmt das Fahrrad vom Auto. Die Mutter öffnet den Kofferraum. Sie holen Fahrradtaschen für hinten, Fahrradtaschen für vorn, einen vollen Rucksack, eine Reisetasche und noch eine kleine Tasche aus dem Auto. Dann geht Yakups Mutter ins Haus und spricht kurz mit Lillys Mutter. Yakup sieht sein volles, schweres Fahrrad an.

Als Yakups Mutter wiederkommt, sagt sie: „So, mein Liebling[1], wir fahren jetzt. Wenn etwas passiert – egal was –, dann rufst du uns an. Ja?! Dann holen wir dich ab. Aber ich bin ganz sicher, dass das eine tolle Reise wird!“
Sie nimmt Yakup in die Arme und gibt ihm einen Kuss.
„Tschüss, Kinder!“ Die Tür geht zu. Das Auto startet.

Da kommt ein sehr schnelles Fahrrad.
„Antonja!“, rufen Yakup und Lilly zur gleichen Zeit.
„Leute, Leute, ich freue mich so!“ Antonja bremst[2] stark, steigt[3] von ihrem Fahrrad ab und läuft Yakup und Lilly in die Arme. „Leute, das wird so cool!“ Dann läuft sie zu Tobi. Wie soll sie ihn begrüßen[4]? Tobi ist schon 17 Jahre alt.
„Na, komm her“, sagt Tobi und nimmt sie in die Arme.
„Du bist doch jetzt auch ein bisschen wie meine kleine Schwester.“ Antonja sieht glücklich aus.

Da kommt Lillys Mutter aus der Tür. „Hallo, Kinder!“
„Guten Morgen, Frau Andresen!“, sagen Yakup und Antonja.
„Nennt mich bitte ‚Mariana‘ und sagt bitte ‚du‘! Ich sehe, ihr seid schon alle … Yakup, ist das dein Fahrrad?! So kannst du nicht fahren! Das ist viel zu viel Gepäck! Lass uns mal sehen: Was können wir hierlassen?“
Jetzt sieht Yakup endlich ein bisschen froh aus.
„Ich habe auch gesagt, dass das zu viel Gepäck ist! Aber meine Eltern glauben, das brauche ich alles.“
Mariana holt eine sehr große Tasche aus dem Haus. Zusammen legen sie Kleidung, eine Kamera, drei Paar

---

1 **Liebling**: Das sagt man zu einer Person, wenn man sie sehr mag.
2 **bremsen**: mit dem Fahrrad oder Auto langsamer werden und halten
3 **absteigen**: nicht mehr auf dem Fahrrad sitzen; Gegenteil: aufsteigen
4 **jemanden begrüßen**: „Hallo“ sagen

Schuhe, ein Tablet und noch andere Sachen hinein. Am Ende hat Yakup nur noch seine zwei Fahrradtaschen und einen Rucksack. „Das reicht für eine Woche", meint Mariana.

Und später sagt sie: „Seid ihr fertig? Dann los! Es geht in diese Richtung!"
„Wohin fahren wir denn heute?", fragt Antonja.
„Nach Nordstrand."
„Und wie weit ist das?"
„Fast 60 Kilometer. Das schafft ihr, oder?"
„Klar, mit meinem neuen Fahrrad bin ich auch schon 80 Kilometer gefahren!" Antonjas Fahrrad sieht sportlich aus. Sie hat immer sehr neue und schöne Sachen.
Lilly weiß nicht, ob sie schon einmal 60 Kilometer an einem Tag gefahren ist. Sie hat keinen Fahrradcomputer.
Yakup weiß sicher, dass er noch nie 60 Kilometer gefahren ist.

Sie fahren die Husumer Straße entlang[1] nach Norden.
„Wann sind wir endlich aus der Stadt raus?", denkt Lilly.
„Hier ist es langweilig." Ihr Fahrrad ist schwer.
Sie fahren an großen Supermärkten, Möbelläden und Getränkemärkten vorbei. Dann sind sie endlich außerhalb. Da sind Bäume und Felder rechts und links vom Weg, manchmal ist da ein Haus oder ein Bauernhof.
„Wie weit sind wir schon gefahren?", ruft Yakup nach vorn.
„5,4 Kilometer!", ruft Antonja nach hinten und fährt noch ein bisschen schneller. „Wir sind unter 20 km/h[2]. Das ist total langsam. Lasst uns mal schneller fahren! Ich will über 20 km/h bleiben!"

---

1 **entlang fahren / gehen**: einer langen Straße folgen
2 **km/h**: Kilometer pro Stunde; wie schnell man fährt

Yakup sieht Lilly mit großen Augen an. Lilly möchte auch nicht noch schneller fahren.
60 minus 5, das sind immer noch 55 Kilometer. Das ist zehnmal so viel, wie sie bis jetzt gefahren sind!
„Na kommt, ihr beiden!" Tobi kommt von hinten. „Einmal richtig schnell fahren, im Stehen! Dann habt ihr richtig Schwung[1]. So sind die Taschen nicht mehr so schwer. Das hilft euch. Und dann macht es viel mehr Spaß! Und los!"
Lilly und Yakup fahren schneller.
„Noch schneller!", ruft Tobi. Die beiden stehen beim Fahren auf. „Ein bisschen noch!"
Sie fahren mit aller Kraft[2]. „Ja, genau so! Nur dürft ihr jetzt nicht wieder langsamer werden."
Tobi hat recht: Jetzt ist es ganz leicht. Und schnell! Fast wie fliegen.

[1] **der Schwung**: hier: schnell mit dem Fahrrad fahren
[2] **mit aller Kraft**: sehr stark

Finde die Spur!

Was passiert zuerst? Bringe die Sätze in die richtige Reihenfolge und finde das Codewort.

→ **Tipp:** Drei Sätze passen gar nicht!

1	→	2	→	3	→	4	→	5	→	6

E Yakup und seine Eltern kommen.

Ä Antonja kommt mit dem Fahrrad.

Ü Tobi ist langsam. Lilly hilft ihm.

G Tobi und Lilly packen die Fahrräder.

R Mariana, Lilly und Tobi essen zusammen.

P Yakups Eltern fahren wieder weg.

X Antonjas Mutter spricht mit Mariana.

K Die fünf fahren los.

C Mariana hilft Yakup mit den Taschen.

Codewort: Auf dem Bild auf Seite 6–7 siehst du sehr viel 1 2 3 4 5 6. Zeichne dort die Lesespur ein.

Auf dem Weg nach Hause

Die vier Jugendlichen sind früh am Morgen zurück auf den Campingplatz gekommen.

„Heute fahren wir wieder zurück aufs Festland", sagt Tobi. „Wie ist der Plan?"

„Wir nehmen gleich die Fähre nach Dagebüll und von da aus fahren wir bis nach Husum. Heute Abend regnet es vielleicht. Deshalb schlafen wir die letzte Nacht in der Jugendherberge", sagt Mariana.

„Super", sagt Yakup. „Ich bin total kaputt von letzter Nacht – auch wenn es sehr, sehr schön war. Die Sterne waren ganz hell. Zum Glück hat uns niemand gesehen!" Und dann fragt er: „Wie weit ist es denn bis nach Husum?"

„Ein bisschen mehr als 40 Kilometer", sagt Mariana.

„Was? Nein! So weit?! Mein Po tut noch so weh von den letzten Fahrten!" Yakup sieht unglücklich aus.

„Du musst dich einfach wieder aufs Fahrrad setzen. Nach zwei oder drei Kilometern tut es nicht mehr weh", meint Antonja. Yakup glaubt ihr nicht, aber er sagt nichts.

Nach dem Frühstück bauen[1] sie die Zelte ab und packen ihre Fahrradtaschen. „Schade", denkt Lilly. Sie würde am liebsten noch viel länger bleiben. Als sie die Fahrräder zum Ausgang schieben, schaut sie noch einmal zurück. Nichts erinnert an die fünf. Lilly fühlt sich frei wie ein Vogel.

[1] **etwas abbauen**: hier: etwas klein machen und wegnehmen, so dass es nicht mehr da ist

Die Fahrt mit der Fähre dauert wieder fast eine Stunde. Am nächsten Tisch sitzt eine Gruppe mit Jugendlichen. Ein Mädchen winkt Lilly. Lilly winkt auch.

Die vier Jugendlichen spielen Karten. Tobi gewinnt, wie immer. „In vielen Dingen ist Tobi ein typischer großer Bruder“, denkt Lilly. „Er hilft mir und er erklärt mir alles Mögliche. Aber beim Spielen will er unbedingt gewinnen.“ Lilly verliert wieder. Sie hat keine Lust mehr.

„Spielt das nächste Spiel ohne mich“, sagt Lilly. „Ich muss mal auf die Toilette.“ Sie geht ins Schiff. Das Schiff ist groß, Lilly muss sich den Weg merken: Die Treppe runter, dann links den Flur entlang …

Zum Glück findet sie den Weg zurück ganz leicht. Wieder am Tisch nimmt Lilly ihre Karten. Yakup hat sie ihr gegeben.

„Wer fängt an?“, fragt sie.
„Du!“, sagt Yakup.
„Oh“, sagt Lilly und spielt eine Karte.

Der Wind wird kühler und der Himmel dunkler. Die Fähre legt in Dagebüll an. „Das war die letzte Schiffsfahrt in diesen Ferien“, denkt Lilly.
Die fünf steigen auf die Fahrräder. Yakup hat recht: Der Po tut wirklich schrecklich weh.

„Dieses Mal fahren wir erst ein Stück an der Nordsee, dann wechseln wir auf die Bundesstraße[1]. Da gibt es auch einen Fahrradweg“, schlägt Mariana vor. „Vielleicht ist der Wind nicht so schlimm, wenn wir nicht direkt am Meer fahren.“

Lilly fühlt leicht einen kalten Regen im Gesicht.
„Lasst uns die Regensachen[2] anziehen“, ruft sie.
Antonja und Mariana fahren wieder ganz vorn. Sie hören Lilly nicht, denn der Wind kommt aus ihrer Richtung. Er trägt Lillys Worte einfach weg.

Erst, als Mariana beim Fahren nach hinten schaut, merkt sie, dass Yakup, Tobi und Lilly ihre Regensachen aus dem Gepäck suchen. Da halten auch Mariana und Antonja und suchen ihre Regensachen.

Der Regen wird stärker. Alle ziehen ihre Kapuzen tief in die Gesichter. Sie fahren in einer Reihe und sprechen nicht.

---

[1] **die Bundesstraße**: eine große Straße; Hier fahren die Autos oft 100 km/h.

[2] **die (Pl.) Regensachen**: Diese Kleidung trägt man bei Regen.

Das Fahren ist schwer und bei dem Wind muss man laut rufen, damit man sich verstehen kann. Es gibt keine Bushaltestelle und keinen trockenen Ort.

Mariana und Antonja sind schnell. Der Abstand[1] zu den anderen wird immer größer.
„Aber die Straße ist gerade", denkt Lilly. „Wir können uns nicht verlieren." Sie schaut nach unten auf die Straße. So läuft der Regen nicht in ihre Jacke. „Einfach weiterfahren, irgendwann[2] erreichen wir das Ziel", denkt sie.

Die Sonne kommt durch die Wolken. Lilly sieht nach oben und nimmt ihre Kapuze vom Kopf. Endlich! Es regnet nicht mehr. Aber wo sind Mariana und Antonja? Lilly schaut nach hinten zu Yakup und Tobi. Die wissen es auch nicht.

1 **der Abstand**: das Stück Weg zwischen zwei Personen oder Dingen
2 **irgendwann**: zu einer Zeit, aber man weiß nicht genau, wann

„Ich habe den Weg hier auf dem Navi", sagt Tobi. „Wir müssen nur weiter geradeaus fahren."
Sie fahren weiter nach Süden.
Dann sagt Lilly: „Seht ihr das Schild? Es zeigt geradeaus. Und da steht *Husum Nebenstrecke*[1]. Müssen wir hier nicht nach links?"
„Nein. Wir müssen weiter geradeaus fahren. Wir fahren auf der Nebenstrecke bis nach Husum", sagt Tobi.
Lilly findet das ein bisschen seltsam, aber sie glaubt Tobi.

Zwanzig Minuten später kommen sie in die Stadt. Mariana und Antonja können sie aber nirgends finden. Sie fahren auf den Marktplatz.
„Ich rufe bei Mama und Antonja an", sagt Lilly. Aber niemand geht ans Telefon. „Nur die Mailbox, bei beiden. Hoffentlich ist ihnen nichts passiert!"
„Bestimmt nicht. Vielleicht gehen sie gerade etwas einkaufen", sagt Yakup. „Schreib ihnen doch. Sag, dass wir auf dem Marktplatz sind und uns hier ein bisschen ausruhen."
Er putzt das Regenwasser von einer Bank, damit sich alle drei setzen können. Auf der Straße streiten sich ein paar Möwen um Pommes frites.

Eine halbe Stunde warten sie. Lilly ruft noch zweimal an. Endlich erreicht sie ihre Mutter.
„Wir sind gleich bei euch!", sagt Mariana. „Bleibt einfach auf dem Marktplatz in Husum."
Mariana klingt etwas nervös. Aber es geht den beiden gut.

[1] **die Nebenstrecke**: ein anderer, kleiner Weg

Finde die Spur!

Wer macht was? Ordne die Buchstaben zu und finde das Codewort.

E Lilly   R Yakup   E Tobi

N Lilly und Mariana   G Mariana und Antonja

1. Wer sagt, dass der Po wehtut?
2. Wer winkt dem Mädchen auf der Fähre zurück?
3. Wer ist schneller als die anderen?
4. Wer findet den richtigen Weg?
5. Wer telefoniert?

Codewort: Auf dem Bild auf Seite 6–7 siehst du den 1 2 3 4 5. Zeichne dort die Lesespur ein.

Am Strand

„Mhmm … Die Pizza hat gut geschmeckt“, sagt Yakup.
„Wann kommt eigentlich die Fähre?“, fragt Antonja.
„In einer halben Stunde“, weiß Lilly. „Wir sollten losgehen.“
„Ähm, Leute?“, sagt Mariana. „Ich glaube, ich habe etwas vergessen: Wir brauchen später noch Tickets für die Fähre. Und … naja, … ich habe wahrscheinlich gar nicht genug Geld für das Essen und die Getränke dabei. Was kostet denn die Fähre? Könnt ihr mal schauen?“
„Passt bei Ihnen noch alles?“, fragt die Kellnerin.
„Wir möchten gern zahlen“, sagt Mariana. Die Kellnerin nickt[1] und geht.

[1] **nicken**: den Kopf von oben nach unten bewegen und so „Ja“ sagen

„Was machen wir denn jetzt?“, fragt Mariana.

Yakup hat einen Vorschlag: „Wir suchen in unseren Taschen. Ich finde da immer etwas.“ Alle suchen in ihren Taschen. Sie legen Münzen auf den Tisch. Antonja legt einen Schein dazu. Die anderen sehen sie mit großen Augen an.

Antonja erklärt: „Meine Mutter will, dass ich immer Geld für Notfälle[1] dabeihabe. Das ist doch ein Notfall, oder?“

Sie lacht.

Die Kellnerin bringt die Rechnung. Und zum Glück haben sie auch noch genug Münzen für das Trinkgeld[2].

„Vielen Dank!“, sagt Mariana, als die Kellnerin wieder weg ist. „Jetzt schnell zur Fähre! Wir haben nicht mehr viel Zeit!“

Sie gehen zum Hafen. Das Schiff ist schon da. Sie kaufen die Tickets und setzen sich dieses Mal nach drinnen.

„Habt ihr schon mal unter freiem Himmel[3] geschlafen?“, fragt Yakup. Alle schütteln den Kopf.

„Darf man denn einfach so in der Natur übernachten?“, fragt Antonja.

Tobi antwortet: „Eigentlich nicht. Aber wenn jemand es merkt, passiert nichts Schlimmes. Mein Freund Malte macht das manchmal mit seinen Freunden. Sie schlafen an einem See oder bei einem Feld. Er sagt, es ist sehr schön. Ich würde es gern einmal versuchen.“

„Wir könnten heute Nacht am Strand schlafen“, sagt Yakup.

Lilly findet die Idee auch gut. Aber sie ist auch überrascht.

„Yakup, *du* willst draußen schlafen? Ich dachte, du findest das Zelt schon unbequem.“

---

[1] **der Notfall**: schlimme oder gefährliche Situation; man braucht Hilfe

[2] **das Trinkgeld**: Dieses Geld gibt man extra für die Kellnerin oder den Kellner.

[3] **unter freiem Himmel**: draußen; nicht in einem Zimmer oder Gebäude

„Das stimmt, aber ich würde gern die Sterne sehen", sagt Yakup. „Mariana, dürfen wir draußen schlafen?"
„Tobi, gehst du mit?", fragt Mariana. Tobi nickt. „Dann ja."
Antonja kann es fast nicht glauben: „Wie cool! Das würden meine Eltern nie erlauben!"
Da sagt Mariana: „Aber nehmt ein Handy mit und bleibt alle zusammen! Und schlaft nicht im Naturschutzgebiet[1]! Sonst stört ihr die Tiere."

Um fünf Uhr nachmittags legt die Fähre auf Amrum an. Zu Fuß gehen die fünf zum Campingplatz.
„Wie machen wir es, dass uns heute Abend niemand sieht?", fragt Antonja.
Lilly hat einen Vorschlag: „Am besten packen wir nur unsere Isomatten und Schlafsäcke ein. Dann suchen wir uns einen schönen Platz in den Dünen. Und erst, wenn es dunkel wird, packen wir unsere Schlafsachen aus."

Lilly, Yakup und Antonja sitzen am Abend zusammen in den Dünen. Sie haben den perfekten Platz für die Nacht gefunden. Tobi ist noch einmal schwimmen gegangen.
„Sag mal, Antonja, was machen deine Eltern eigentlich gerade?", fragt Yakup.
„Meine Mutter ist auf einer Kur[2]. Sie muss sich ein bisschen ausruhen. Und mein Vater arbeitet. Er ist nicht oft da."
„Meine Eltern müssen auch in den Ferien arbeiten", sagt Yakup. „Aber im August fliegen wir noch einmal für eine Woche zusammen in den Urlaub."

1 **das Naturschutzgebiet**: Dort muss man besonders gut auf die Natur aufpassen.

2 **die Kur**: eine längere Zeit in einer Art Krankenhaus; Man geht auf Kur, weil man wieder gesund oder fit werden will.

Lilly denkt an den Mittag im Restaurant. Antonja hat auf die Speisekarte gesehen. Aber Lilly hat gemerkt, dass sie nicht gelesen hat. Und dann hat Lilly eine vegetarische[1] Pizza bestellt und Tobi eine Cola. Antonja hat auch eine vegetarische Pizza und eine Cola bestellt, aber sie ist gar keine Vegetarierin[2] … Und die Sache mit der Anleitung für das Zelt … Und mit dem Prospekt für die Wattwanderung …

„Antonja, ich habe auch eine Frage", sagt Lilly dann ruhig. „Warum liest du nie etwas?"
Antonja sieht vor sich auf den Boden. Mit der Hand nimmt sie etwas Sand und spielt damit.

1 **vegetarisch**: ohne Fleisch oder Fisch
2 **der Vegetarier / die Vegetarierin**: Diese Person isst kein Fleisch und keinen Fisch.

„Das ist nicht einfach für mich“, sagt sie dann. „Das Lesen, meine ich. Ich habe es gelernt. Und mit viel Zeit und Ruhe geht es auch. Aber es geht nicht einfach so, nicht schnell. Die Wörter und Buchstaben tanzen vor meinen Augen, ich kann sie in keine Ordnung bringen.“

Sie sieht sehr traurig aus.

„Aber Antonja, warum machst du so ein Geheimnis[1]?“, fragt Yakup. „Ich wusste das nicht. Nicht einmal Lilly wusste das. Hast du mit niemandem darüber gesprochen?“

„Nein“, sagt Antonja. „Das ist total peinlich. Und ich will nicht, dass meine Eltern es wissen. Das müsst ihr mir versprechen[2]: Ihr dürft es meinen Eltern nicht erzählen!“

Yakup und Lilly sehen sich an. Dann sagt Lilly: „In Ordnung. Aber darf ich es wenigstens meiner Mutter erzählen?“

Antonja sieht sie einen Moment an. „Ja“, sagt sie dann. „Aber die darf es auch nicht meinen Eltern erzählen!“

„Versprochen“, sagt Lilly.

„Weißt du was?“, sagt Yakup. „Du musst nicht immer alles perfekt können. Wir mögen dich mindestens genauso gern, auch wenn du nicht immer alles perfekt machst.“

Da muss Antonja weinen. Lilly nimmt sie in die Arme.

Als es dunkel wird, packen die Freunde ihre Schlafsachen aus. Der Sand fällt in die Schlafsäcke und die Kleidung. Es ist kühl. Aber die Sterne scheinen hell am Himmel. Und die Nacht riecht nach Salz und Freiheit[3].

---

1 **das Geheimnis**: Das dürfen nur sehr wenige Leute wissen.

2 **etwas versprechen**: Man sagt etwas und dann muss man es machen. Nomen: das Versprechen

3 **die Freiheit**: wenn jemand frei ist

Finde die Spur!

Was ist richtig? Kreuze an und finde das Codewort.

1. Was bezahlen die fünf zusammen?
   - D Die Rechnung im Restaurant
   - N Die Fahrt mit der Fähre

2. Wo schlafen Tobi, Lillly, Yakup und Antonja?
   - A Im Zelt
   - Ü Unter freiem Himmel
   - K In der Jugendherberge

3. Was nehmen sie mit?
   - R Warme Klamotten und Essen
   - N Schlafsäcke und Isomatten

4. Was kann Antonja nicht so gut?
   - E Lesen
   - A Rechnen

5. Wer darf das Geheimnis nicht wissen?
   - F Die Nachbarin
   - N Antonjas Eltern
   - D Mariana

Codewort: Auf dem Bild auf Seite 6–7 siehst du die 1 2 3 4 5. Zeichne dort die Lesespur ein.

Auf die Insel

„Wie habt ihr geschlafen?", fragt Mariana am nächsten Tag.
„Super!", antwortet Antonja.
„Gut", meinen Lilly und Tobi.
Yakup sieht alle an und sagt: „Es war ein bisschen hart und kalt. Aber es war okay. Wo frühstücken wir?"
„Hier", sagt Mariana und holt Brot, Käse, Äpfel und Orangensaft aus ihrem Gepäck. Auf dem Campingkocher macht sie einen Kaffee für Tobi und sich selbst.
„Heute ist der Weg nicht weit. Es sind nur 35 Kilometer bis nach Dagebüll. Dort gibt es eine Fähre[1]. Sie fährt um 13 Uhr. Mit den Fahrrädern müssen wir etwas früher da sein."

[1] **die Fähre**: Mit diesem Schiff können auch Fahrräder oder Autos fahren.

Die fünf fahren über einen langen Deich. Links und rechts ist das Meer. Über ihnen rufen die Möwen.

„Ich liebe Möwen!“, sagt Yakup.

Am Festland[1] fahren sie erst nach links, am Meer entlang, und dann wieder auf einem langen Deich. Später kommen sie durch einen kleinen Ort mit roten Häusern und vielen Bäumen. Lilly liest auf einem Schild *Fährhafenstraße*. Da weiß sie, dass es nicht mehr weit sein kann. Zum Schluss fahren sie noch einmal auf einem Deich, dann kommen sie zum Hafen[2]. Auf einem roten Gebäude steht *Fähre Föhr – Amrum*, daneben steht nochmal *Zu den Fähren*.

„Falsch fahren kann man hier auf jeden Fall nicht“, sagt Tobi und lacht.

Sie kaufen die Fahrkarten. Es ist 11:30 Uhr, die Fähre ist noch nicht da. „Wollen wir uns noch ein bisschen ins Café setzen?“, fragt Yakup und zeigt auf das Café am Hafen.

„*Rein*setzen? Das Wetter ist so schön! Ihr könnt etwas zum Essen *raus*holen“, meint Mariana. „Getränke haben wir noch.“

Die Fähre kommt pünktlich. Die fünf gehen mit ihren Fahrrädern auf das Schiff. Die Fahrräder stellen sie nach unten. Dann gehen sie nach oben.

„Ich liebe Schiffsfahrten“, sagt Yakup.

Von oben können sie weit über das Meer sehen.

„Ich möchte für immer Sommerferien haben!“, sagt Lilly.

Fast eine Stunde dauert die Fahrt. Dann hört man in einer Durchsage, dass alle zu ihren Autos und Fahrrädern gehen sollen. Lilly und die anderen gehen die Treppen nach unten

---

1 **das Festland**: Land / Ort in der Nähe vom Meer, aber keine Insel

2 **der Hafen**: der Ort für die Ankunft und Abfahrt von Schiffen

zu den Fahrrädern. Die Fähre legt[1] an. Die fünf fahren aus dem Hafen hinaus, eine Straße entlang und in einen kleinen Ort. Hinter einer Kurve ist ein Supermarkt. „Lasst uns noch etwas einkaufen!", sagt Mariana. Sie stellen ihre Fahrräder in einen Fahrradständer. Tobi sagt, dass er auf die Fahrräder aufpasst. Er setzt sich auf eine Bank und holt sein Handy heraus.

Als die anderen wiederkommen, spielt Tobi noch immer am Handy. Lilly sieht zum Fahrradständer. Was ist passiert?! Antonjas Fahrrad liegt auf dem Boden! Aber vorn steckt der Reifen noch im Fahrradständer!

[1] **anlegen**: wenn ein Schiff am Hafen ankommt / hält; Gegenteil: ablegen (= losfahren)

„Nein! Was machen wir denn jetzt?!", ruft Mariana. „Oh nein, mein Fahrrad!" Antonja läuft zu ihrem Fahrrad und will es hochnehmen, aber es geht nicht. „So kann ich nicht fahren! Ich kann das Fahrrad nicht einmal schieben! Tobi, warum hast du nicht richtig aufgepasst?" „Ich habe aufgepasst, dass niemand die Taschen nimmt. Aber ich kann nichts dafür, wenn deine Taschen zu schwer sind und du das Fahrrad nicht richtig hinstellst!" „Aber …" Antonja will noch etwas dazu sagen, aber da meint schon Mariana: „Nicht streiten! Das hilft nicht. Wir nehmen jetzt alle Taschen von Antonjas Fahrrad, packen ihr Gepäck auf unsere Fahrräder und suchen eine Werkstatt. Tobi, hilf mir mal bitte mit dem Fahrrad! Yakup und Lilly, sucht im Internet bitte eine Werkstatt."

Die beiden holen ihre Handys raus. „Es gibt hier einen Ort, der *Nebel* heißt", sagt Yakup. „Dort gibt es eine Werkstatt, aber die ist fünf Kilometer von hier." „Fünf Kilometer? Das geht nicht!" Antonja ist sehr nervös. „Antonja, bleib ruhig", sagt Mariana. „So etwas kann passieren. Das ist nicht schlimm. Wir finden eine Lösung." Antonja sieht nicht sehr glücklich aus, aber sie sagt nichts. Lilly hat im Internet etwas gefunden. „Wenn wir ein bisschen zurückgehen, gibt es dort einen Fahrradverleih[1]. Vielleicht können die uns helfen. Die haben bestimmt Werkzeug und ein neues Rad." „Ja", sagt Mariana, „das ist besser. Das versuchen wir." Antonja zieht ihr Fahrrad aus dem Fahrradständer. Sie schiebt ihr Fahrrad, aber es geht nur sehr langsam.

[1] **der Fahrradverleih**: Dort kann man Fahrräder leihen.

Deshalb sagt Mariana: „Tobi, fahr doch schon mal zum Fahrradverleih! Wir kommen dann gleich."

Zum Glück ist die Frau vom Fahrradverleih sehr nett. Sie hat ein neues Rad und Werkzeug. Mariana spricht kurz mit ihr. Dann sagt sie zu Antonja: „Komm, wir gehen raus und reparieren dein Fahrrad. Hast du das schon mal gemacht?" Antonja schüttelt[1] den Kopf. „Dann zeige ich es dir. Es ist ganz einfach. Zum Glück ist nicht das Hinterrad kaputt, denn das wäre viel schwieriger."

Nach einer halben Stunde können sie Antonjas Taschen wieder auf ihr Fahrrad packen. Das neue Rad ist gut, aber es sieht anders aus als das Hinterrad.
„Was soll ich denn meinen Eltern sagen?", fragt Antonja.
„Die Wahrheit[2]!", sagt Mariana. „Das Rad war kaputt, wir haben es gewechselt." Antonja sagt nichts, sie ist nervös.
„Wollen wir ihnen das zusammen erzählen?", fragt Mariana.
„Ja, bitte!", sagt Antonja schnell. Sie sieht wieder froh aus.
„Das machen wir", sagt Mariana und legt ihr die Hand auf den Arm. „Und jetzt mach dir keine Sorgen[3] mehr! Wer weiß den Weg zum nächsten Campingplatz?"
„Wir fahren die Straße zurück, zwei Kilometer, und dann links", sagt Yakup. Er hat den Weg im Internet gefunden.

Der Campingplatz ist groß. Die fünf bauen ihre Zelte in weichem, weißem Sand auf. Lilly zieht ihre Schuhe aus. Der Sand fühlt sich so schön an.

---

[1] **den Kopf schütteln**: den Kopf von links nach rechts bewegen und so „Nein" sagen

[2] **die Wahrheit**: was stimmt; wenn man ehrlich sagt, was passiert ist

[3] **sich Sorgen machen**: nervös oder unruhig sein, Angst haben

Finde die Spur!

Was passiert in der Geschichte? Ergänze die Verben und finde das Codewort!

1. An diesem Tag [1] [ ] [ ] [ ] [ ] [ ] die fünf 35 Kilometer mit dem Fahrrad.

2. Das Schiff vom Festland nach Amrum [ ] [2] [ ] [ ] [ ] circa eine Stunde.

3. Vom Schiff aus können sie das Meer [ ] [ ] [3] [ ] [ ].

4. Auf der Insel müssen sie Antonjas Fahrrad [ ] [ ] [ ] [ ] [4] [ ] [ ] [ ] [ ] [ ].

5. Mariana und Antonja [ ] [5] [ ] [ ] [ ] [ ] [ ] [ ] das Rad.

Codewort: Auf dem Bild auf Seite 6–7 siehst du eine (1) (2) (3) (4) (5). Zeichne dort die Lesespur ein.

Die erste Nacht

Tobis Tipp mit dem Schwung hat Spaß gemacht, aber Lilly und Yakup können nicht die ganze Zeit so schnell fahren.
„Mama? Ich habe Hunger! Können wir bald etwas essen?“, ruft Lilly nach vorn.
„Das machen wir in Friedrichstadt! Es dauert noch ein paar Minuten!“
Sie fahren über eine Brücke. Unten ist ein Fluss, die Eider. Aber Lilly kann nicht zum Wasser sehen. Sie hat Angst. Ihr wird schwindelig …
„Fahr langsamer und sieh nach links, zu mir“, sagt Yakup. „Du darfst nicht nach unten sehen.“
Der Wind drückt gegen ihr Fahrrad. Lilly sieht auf Yakups Reifen. „Gleich hast du es geschafft“, sagt Yakup. „Es sind nur noch ein paar Meter.“
Lilly konzentriert[1] sich auf Yakups Worte. Dann sind sie über die Brücke gefahren. Lilly kann wieder nach rechts sehen. Dort stehen Kühe und die sehen Lilly an.

Dann fahren sie in einen Ort. *Friedrichstadt* steht auf einem Schild. Sie fahren weiter ins Zentrum. Auf dem Marktplatz sagt Mariana: „So, hier können wir sitzen.“
„Wo wollen wir denn essen gehen?“, fragt Antonja. „Ich kann mal im Internet nach einem Restaurant suchen.“
Sie nimmt ihr Handy aus der Tasche.
„Wir gehen nicht essen“, meint Mariana. „Wir haben Brote und Obst dabei. Wir setzen uns hier einfach auf die Bänke.“

[1] **sich auf etwas konzentrieren**: nur an eine Sache denken

Sie holt das Essen aus den Taschen. Antonja macht große Augen. Yakup setzt sich auf die Bank.
„Endlich Pause", sagt er. Dann essen sie zusammen.

„So Leute, 30 Kilometer haben wir geschafft", sagt Mariana nach dem Essen. „Lasst uns weiterfahren."

Sie fahren und fahren und fahren. Der Wind kommt von vorn. „Warum ist das Fahrrad denn so schwer?", denkt Lilly. Sie fahren durch Husum und weiter nach Norden. Der Wind wird stärker. „Das Meer!", ruft Antonja nach hinten. Und wirklich: Neben ihnen liegt die Nordsee, schwer und grau. Nach einiger Zeit kommen sie auf einen Damm. Links und rechts sind Schafe und kleine Seen.
„Warum kommt der Wind immer von vorn, auch wenn wir in eine andere Richtung fahren?", fragt sich Lilly und fährt wieder schneller. Sie ruft: „Komm, Yakup! Mit Schwung!"

Endlich kommen sie in Nordstrand auf einen kleinen Campingplatz. Der Mann am Eingang zeigt ihnen einen Platz für ihre Zelte. Sie schieben die Fahrräder. Nur Antonja fährt und ist als Erste da.
„Wer von euch hat schon einmal ein Zelt aufgebaut[1]?", fragt Mariana. Niemand sagt etwas. „Ich auch nicht", meint Mariana und lacht. „Aber egal. Jedes Zelt hat eine Anleitung[2]." Antonja hat ein Zelt für sich selbst und Lilly mitgebracht. Tobi hat eins für sich und Yakup dabei. Und Mariana hat ihr eigenes kleines Zelt.
Nach zehn Minuten steht Marianas Zelt. Es hat nur zwei Stangen. Zehn Minuten später haben Tobi und Yakup ihr Zelt aufgebaut. Nur Lilly und Antonja brauchen länger.
„Antonja, was soll ich denn machen? Lies doch einfach die Anleitung!", sagt Lilly ein bisschen genervt.

1 **etwas aufbauen**: hier: ein Zelt auf den Boden stellen, so dass man darin schlafen kann

2 **die Anleitung**: eine Erklärung auf Papier; hier: Da steht, wie man ein Zelt aufbaut.

„Aber ich verstehe diese blöde Anleitung nicht!“, antwortet Antonja, auch ein bisschen genervt.
„Dann lies doch einfach laut! Da steht doch alles“, ruft Lilly.
„Hey hey, nicht streiten!“, sagt Tobi.
Antonja gibt ihm die Anleitung. „Ich verstehe das einfach nicht“, sagt sie. Sie ist nervös und traurig.
Tobi hilft den beiden und bald steht ihr Zelt perfekt da. Es ist ein sehr schönes, neues Zelt.

„Wo kann man denn hier essen gehen?“, fragt Antonja.
„Nirgends“, antwortet Mariana. „Wir kochen selbst.“
Lilly und Tobi holen zwei Campingkocher aus dem Gepäck, dazu Nudeln und Gläser mit Soße. Lilly macht die Wasserflaschen voll. Dann machen sie mit dem Campingkocher das Wasser heiß.
„Woher könnt ihr das?“, fragt Yakup.
Lilly lacht. „Das machen wir immer so, wenn wir mit dem Fahrrad fahren oder wandern gehen.“
Die Nudeln sind bald fertig und für alle ist klar: Es sind die besten Nudeln auf der ganzen Welt!

Nach dem Essen sind alle müde. Sie sind froh, dass sie die Zelte schon aufgebaut haben.
„Wer macht das Geschirr sauber?“, fragt Tobi.
Yakup und Antonja sehen sich an.
„Tobi und ich haben schon gekocht“, meint Lilly.
„Dann machen wir das“, sagt Antonja. „Aber morgen kochen wir und ihr macht sauber.“
Yakup und Antonja gehen mit dem Geschirr zur Küche in der Mitte vom Campingplatz. Mariana, Lilly und Tobi nehmen ihre Duschsachen und gehen zu den Duschen.

In der Nacht hört Lilly Geräusche[1]: ein Rascheln[2], dann Schritte[3] auf dem Weg, ganz in der Nähe. Was, wenn jetzt jemand einfach das Zelt aufmacht? Man kann das Zelt nicht abschließen. Die Schritte gehen weiter. Ein paar Minuten lang ist es leise. Dann hört man ein Atmen. Wer macht so ein Geräusch in der Nacht? Das klingt wie ein großer Mensch, meint Lilly!

„Ist das dein Bruder? Will er uns ärgern?", fragt Antonja leise. Hat sie vielleicht auch ein bisschen Angst?

„Tobi? Sehr witzig! Was soll das?!", ruft Lilly nach draußen. Aber das Atmen hört nicht auf. Es wird immer lauter.

„Tobi?! Lass das! Das ist nicht witzig!", ruft Lilly jetzt lauter. Dann hören die Mädchen Tobi von draußen. „Ich bin das nicht! Macht mal vorsichtig das Zelt auf und schaut!"

Lilly sieht Antonja an. Antonja öffnet das Zelt. Gegenüber sehen Tobi und Yakup aus dem Zelt. Es ist schon dunkel. Nur eine Straßenlampe gibt etwas Licht. Tobi zeigt auf etwas. Von dort kommen die Geräusche …

Igel! Da laufen zwei Igel!

„Wie süß!", sagt Antonja dann laut.

Die Igel stört das nicht, sie interessieren sich nur für sich selbst. Die vier schauen noch eine Zeit lang zu den Tieren. Dann verschwinden die Igel in der Nacht.

„Gute Nacht, Leute", sagt Tobi dann und alle legen sich wieder in ihre Zelte.

Erst ist es ruhig, dann hört man wieder leise Schritte. Aber jetzt hat Lilly keine Angst mehr. Nebenan hört sie, dass Antonja ruhig atmet.

---

[1] **das Geräusch**: etwas, was man hört

[2] **das Rascheln**: ein Geräusch; hier: was man hört, wenn die Igel laufen

[3] **der Schritt**: wenn man beim Gehen einen Fuß vor den anderen setzt

Finde die Spur!

Was ist richtig? Kreuze an und finde das Codewort!

1. Wo hat Lilly Angst?
   - A Auf der Straße
   - Z Auf einer Brücke
   - N In der Küche

2. Wie ist das Wetter?
   - B Es ist heiß.
   - R Es regnet.
   - E Es ist windig.

3. Wo kommen die fünf an?
   - G Am Hotel
   - L Am Campingplatz
   - C Am Strand

4. Was lesen die fünf?
   - H Bücher
   - M Comics
   - T Anleitungen

5. Welche Tiere gibt es?
   - E Schafe, Kühe und Igel
   - S Hunde und Katzen
   - F Fische und Vögel

Codewort: Auf dem Bild auf Seite 6–7 siehst du

(1) (2) (3) (4) (5). Zeichne dort die

Lesespur ein.

Von Amrum nach Föhr

„Seht mal! Das habe ich im Laden vom Campingplatz gefunden", sagt Tobi am nächsten Morgen und gibt Antonja einen Prospekt. „Es gibt Wattwanderungen[1] von hier bis auf die Insel Föhr."
Lilly, Yakup und Tobi holen die Sachen für das Essen aus ihren Taschen. „Igitt! Schaut mal, der Käse", sagt Lilly. „Ich glaube, der ist gestern zu heiß geworden."
„Bäh, den können wir nicht mehr essen", meint Tobi. „Wir haben auch nur noch wenig Brot für das Frühstück."
Tobi und Lilly sehen ihre Mutter an.
Mariana gibt ihnen ihre Geldbörse und sagt: „Dann geht doch nochmal zum Laden und holt was für das Frühstück."

Die vier Jugendlichen kommen mit frischen Brötchen, Käse, Tomaten und Schokocreme zurück. Da macht Tobi einen Vorschlag: „Antonja, lies doch mal was über die Wattwanderung vor!"
Antonja sieht auf den Prospekt. „Wattwanderung", sagt sie. Aber dann liest sie nicht weiter. Die anderen warten.
„Ich kann nicht lesen, wenn ihr mich alle so anseht!", ruft sie und wirft den Prospekt auf den Boden.
„Ist ja gut, reg[2] dich nicht so auf", sagt Yakup und nimmt den Prospekt. Er liest: „Wattwanderungen von Amrum nach

[1] **die Wattwanderung**: wenn man durch das Watt wandert; oft zwischen zwei Inseln (siehe auch Seite 40)

[2] **sich aufregen**: sehr starke Gefühle haben; meistens, wenn man sich ärgert

Föhr, bei gutem Wetter täglich. Zeiten abhängig[1] von der Tide." Er sieht zu Mariana. „Was heißt das denn?"
„Tide bedeutet, dass das Meer kommt und geht", erklärt Mariana. „Man kann die Wanderung nur machen, wenn Ebbe ist. Da ist das Wasser weg. Wenn das Wasser zurückkommt – das nennt man Flut –, muss man drüben auf Föhr sein. Sonst wird es sehr gefährlich."
„Oh, Mama, machen wir eine Wattwanderung?", ruft Lilly.
„Ja!", rufen auch Yakup und Antonja. „Bitte!"
Mariana denkt kurz. „In Ordnung", sagt sie dann. „Wann ist denn der nächste Termin?"
„Morgen", weiß Yakup.

Sie sind den ganzen Tag am Strand und froh, dass sie heute nicht mit dem Fahrrad fahren müssen. Sie gehen auf kleinen Wegen aus Holz vom Campingplatz zum Wasser. Sie schwimmen, liegen im Sand und sammeln Muscheln.

[1] **abhängig**: hier: Die Tide sagt, wann man die Wanderung machen kann.

Yakup hat Stifte und Papier dabei. Er zeichnet den Strand und die Vögel.

Am nächsten Tag stehen sie sehr früh auf und fahren bis nach Norddorf im Norden von Amrum. Dort wartet schon der Wattführer[1] Thede Claaßen auf sie. „Guten Morgen!“, begrüßt er sie. „Jetzt … sind alle da. Wir können also losgehen. Wir gehen jetzt noch ein Stück nach Norden. Von dort geht es dann ins Wattenmeer[2]. Kommen Sie mit!“

Die Gruppe mit rund 20 Personen geht los.

Antonja fragt Lilly: „Waren wir vielleicht die Letzten? Mussten die Leute extra auf uns warten?“ Es ist ihr ein bisschen peinlich[3].

„Ich glaube schon“, meint Lilly.

„Na und?“, sagt Mariana leise von hinten. „Das ist doch nicht schlimm. Wir waren doch *nur* zehn Minuten zu spät.“

Sie gehen durch den Ort und weiter durch die Dünen.

„Wie weit ist es eigentlich bis zur Insel Föhr?“, fragt Antonja.

„Sieben Kilometer. Das steht im Prospekt“, antwortet Yakup.

„Jetzt gehen wir ins Watt“, sagt der Wattführer dann. „Sie können die Insel Föhr dort drüben schon sehen. Aber wir brauchen rund drei Stunden. Wir können nicht direkt gehen, weil vor Föhr ein Priel[4] ist. Ganz wichtig: Bleiben Sie bitte immer zusammen und in der Nähe. In Ordnung?“

---

1 **der Wattführer / die Wattführerin**: Diese Person kennt den Weg durch das Watt.

2 **das Wattenmeer**: Landschaft an der Nordsee; Da kommt das Meer (= Flut) und geht wieder (= Ebbe). Wenn das Wasser weg ist, sieht man den Boden. Den nennt man Watt.

3 **peinlich**: ein Gefühl; Man hat Angst, dass andere schlecht über einen denken.

4 **der Priel**: ein Fluss im Watt

„Oh, wie cool!“, sagt Antonja froh. „Es geht los!“

Das Watt fühlt sich unter den Füßen kühl an. Lilly kann die Insel Föhr jetzt nicht mehr sehen, nur das Watt. „Was ist, wenn das Wasser kommt?“, fragt sie. „Das kommt erst in ein paar Stunden wieder“, antwortet Tobi. „Bis dann haben wir genug Zeit für den Weg.“ „Aber was ist, wenn das Wasser schon früher kommt?“ „Das passiert nicht. Das Meer hat genaue Zeiten. Das kannst du im Tidekalender[1] sehen. Mach dir keine Sorgen.“

Das Wetter ist sehr schön. Manchmal machen sie eine kurze Pause und Thede Claaßen erklärt etwas. Sie lernen viel über das Watt, die Tide, die Tiere und Pflanzen. Dann müssen sie durch den Priel gehen. Für Erwachsene ist das kein Problem. Das Wasser geht ihnen nur bis zu den Knien. Aber Lilly, Antonja und Yakup sind kleiner. „Lilly, komm auf meinen Rücken“, sagt Tobi. Mariana nimmt Antonja auf den Rücken. Dann sehen alle Yakup an. „Kein Problem“, meint er. „Ich versuche es. Wenn meine Hose nass wird, ziehe ich mich kurz um. Ich habe eine zweite kurze Hose eingepackt. Dieser Tipp stand im Internet.“ Yakup geht ins Wasser. Das Wasser im Priel ist schnell und zieht an seinen Beinen. Wenn er einen Schritt macht, drückt ihn das Wasser zur Seite. Mit jedem Schritt wird es tiefer. „Los, Yakup“, ruft Tobi. Er setzt[2] Lilly auf der anderen Seite ab. „Das schaffst du!“

---

1 **der Tidekalender**: In diesem Kalender steht, wann die Zeiten von Ebbe und Flut sind.

2 **jemanden absetzen**: hier: jemanden zurück auf den Boden stellen

Yakup geht langsam, Schritt für Schritt durch den Priel. Dann kommt auch er auf der anderen Seite an.

„Geschafft!“, sagt er glücklich.

„Das hast du super gemacht!“, sagt Mariana.

Sie gehen noch eine Zeit lang weiter. Dann erreichen sie die Insel Föhr. Auf dem Deich sind Schafe. Sie sehen kleine Häuser. Im Dorf holt sie ein Bus ab und bringt sie in den Ort Wyk. Die fünf sind sehr müde und haben Hunger.

„Heute müssen wir aber nicht auf dem Campingkocher kochen oder Brote essen, oder?“, fragt Yakup müde.

Antonja ist seiner Meinung: „Nein, darauf habe ich auch keine Lust mehr. Wollen wir heute vielleicht essen gehen?“

„In einem Restaurant essen gehen?“, fragt Mariana.

„Ja!“, ruft Lilly, auch wenn sie weiß, warum ihre Mutter diesen Vorschlag nie selbst macht. Es ist sehr teuer.

„Na gut“, sagt Mariana dann. „Was gibt es denn hier?“

Auf ihren Handys suchen sie Restaurants in Wyk auf Föhr.

„Das hier sieht gut aus“, sagt Tobi. „Es ist direkt am Strand.“

Finde die Spur!

Löse das Rätsel und finde das Codewort.

1. Die Wanderungen gibt es nur bei gutem ______.
2. Die Gruppe startet im Norden von der Insel ______.
3. Das Meer kommt und geht. Das nennt man ______.
4. Das Restaurant auf Föhr liegt direkt am ______.
5. Wenn das Wasser nicht da ist, ist gerade ______.
6. Norddorf liegt auf Amrum ganz im ______.
7. Am Strand gibt es ______. Man kann sie auch sammeln.
8. Die Wanderung dauert ______ Stunden.
9. Der Wattführer heißt mit Vornamen ______.
10. Die Gruppe geht im Watt durch einen ______.

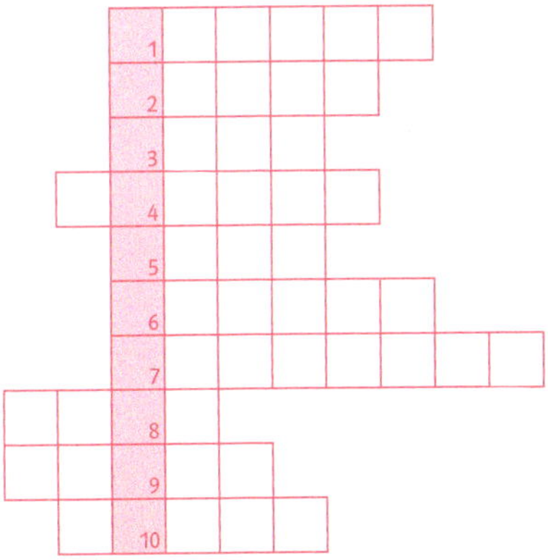

Codewort: Auf dem Bild auf Seite 6–7 siehst du das

_1_ _2_ _3_ _4_ _5_ _6_ _7_ _8_ _9_ _10_

rund um die Inseln. Zeichne dort die Lesespur ein.

Versprechen

Antonja erzählt schnell: „Also, das war so: Wir fahren die Straße entlang, ganz normal. Auf einmal ist da kein Fahrradweg mehr. Und die Straße hat so eine Zufahrt, wie eine Autobahn! Und neben uns fahren die Autos … mit 100 km/h. Da sind LKWs, ganz dicht[1]! Einige hupen[2]."
„Was war das denn für eine Straße?!", fragt Tobi.
„Die Bundesstraße! Aber ohne Radweg!", sagt Mariana.
„Tobi, da habe ich dich doch nach dem Weg gefragt. Erinnerst du dich?", ruft Lilly. „Wir sind geradeaus gefahren, aber die beiden sind nach links gefahren! Gut, dass du auf das Navi geschaut hast!"

„Auf jeden Fall glaube ich, dass es über uns eine Durchsage im Radio gab: ‚Achtung, Achtung, auf der B5 bei Husum sind Fahrräder auf der Straße. Bitte fahren Sie vorsichtig.'"
Mariana muss ein bisschen lachen, aber es ist ihr auch peinlich. Die Situation war sehr gefährlich.
„Leute? Erzählt das bitte nicht euren Eltern, okay?", bittet sie.
„Kein Problem", sagt Yakup.
„Ich verspreche es auch", sagt Antonja. „Aber dafür musst du mir versprechen, dass du ein anderes Geheimnis niemandem sagst. Ich erzähle es dir später, in Ordnung?"
„In Ordnung", sagt Mariana. „Dann lasst uns jetzt erst mal einkaufen gehen. Wer passt auf die Fahrräder auf?"

[1] **dicht**: hier: ganz in der Nähe; Es sind nur wenige Zentimeter bis zum LKW.

[2] **hupen**: im Auto etwas drücken und damit ein lautes Geräusch machen, damit andere es hören und aufpassen

„Ich!", ruft Antonja und sieht Tobi ein bisschen streng an. „Das war nicht *mein* Fehler!", sagt Tobi. „Nicht streiten!", sagt Lilly.

Nach dem Einkaufen fahren die fünf zum Hafen und kochen dort. Antonja erzählt Mariana von ihrem Geheimnis. „Gut", sagt Mariana. „Ich verspreche, dass ich deinen Eltern nichts erzähle. Auch wenn ich denke, dass das keine gute Idee ist. Aber ich spreche mal mit eurem Deutschlehrer." Lilly hat auch einen Vorschlag: „Wir machen unsere Hausaufgaben mit dir zusammen. So können wir dir mit dem Lesen helfen. Und für uns ist es auch nicht so langweilig." Yakup nickt. „Leute, das wäre eine total große Hilfe!", sagt Antonja froh. „Danke!" Sie wirft ein paar Stückchen von ihrem Brötchen hoch zu einer Möwe. Die fängt das Brot in der Luft.

Die Jugendherberge ist ein großes, rotes Haus mit vielen Fenstern. Lilly, Antonja und Mariana teilen sich ein Zimmer.

„Ich möchte oben schlafen!", ruft Antonja, als sie das Etagenbett sieht. Lilly ist einverstanden. Unten muss sie keine Angst haben, dass sie aus dem Bett fallen könnte. Yakup und Tobi teilen sich auch ein Zimmer. Sie hängen ihre nassen Regenjacken ins Bad. Dann ruhen sie sich aus. Heute hat niemand mehr Lust auf eine lange Tour.

Am nächsten Morgen frühstücken die fünf in der Jugendherberge. Dann packen sie ihre Sachen und fahren weiter von Husum nach Heide, noch einmal 40 Kilometer. In Friedrichstadt machen sie Pause, wie vor einer Woche.
„Ich kann gar nicht glauben, dass wir erst vor ein paar Tagen hier waren", sagt Yakup. „Die Woche fühlt sich an wie ein ganzer Monat oder ein halbes Jahr."

Der Weg von Friedrichstadt nach Heide geht auf einmal ganz schnell.
„Kommt, wir überraschen[1] eure Eltern!", sagt Mariana.
Zuerst fahren sie zu Yakup.
„Die Sachen aus deinem Gepäck kannst du morgen oder übermorgen bei uns abholen", sagt Mariana.
Yakup nimmt alle in die Arme.
„Vielen Dank für die schöne Zeit", sagt er. „Es war eine absolut coole Reise!"
Dann geht er in das Geschäft von seinen Eltern. Und schon hört man seine Eltern. Sie freuen sich sehr.

[1] **jemanden überraschen**: etwas tun oder sagen, was eine andere Person nicht gedacht hätte

„Ich kann auch allein nach Hause fahren“, sagt Antonja.
„Nein, wir bringen dich heim“, sagt Lilly.
Sie fahren zu viert zu Antonjas Eltern.
„Mariana, du erinnerst dich an das Versprechen, oder?“, fragt Antonja kurz vor dem Ziel.
„Klar“, antwortet Mariana. „Du auch?“
„Natürlich!“, sagt Antonja.
„Wir wollten auch noch das mit dem neuen Rad zusammen erklären.“
„Ach das …“ Antonja hat gar nicht mehr daran gedacht.
„Das schaffe ich selbst. Ich erzähle es einfach.“
Dann verabschiedet sie sich von allen.
„Lass dich nicht stressen[1]!“, sagt Tobi.
Und Lilly ruft: „Wir sehen uns morgen!“

[1] **sich stressen lassen**: wenn es für jemanden stressig wird, weil eine andere Person etwas macht oder sagt

Finde die Spur!

Richtig oder falsch? Kreuze an und finde das Codewort.

1. Antonja und Mariana sind auf einer großen Straße gefahren.

   (E) Richtig (R) Falsch

2. Yakup und Antonja sollen ihren Eltern von der Bundesstraße erzählen.

   (A) Richtig (L) Falsch

3. Tobi passt wieder auf die Fahrräder auf.

   (N) Richtig (T) Falsch

4. Mariana will mit Antonjas Deutschlehrer sprechen.

   (E) Richtig (S) Falsch

5. In der Jugendherberge schläft Lilly im Etagenbett oben.

   (U) Richtig (R) Falsch

6. Tobi, Lilly und Mariana bringen Yakup und Antonja nach Hause.

   (N) Richtig (H) Falsch

Codewort: Auf dem Bild auf Seite 6–7 siehst du Yakups (1) (2) (3) (4) (5) (6). Zeichne dort die Lesespur ein.